Genussvoll abnehmen – geht das?

Kochen und vor allem Backen waren schon immer meine große Leidenschaft. Ob Kuchen, Torten, Plätzchen oder anderes Gebäck – für mich gibt es kaum etwas Schöneres als den Duft von frisch zubereiteten Backwaren in meiner Küche. Als ich vor einigen Jahren ein paar Kilos verlieren wollte, dachte ich deswegen: Das muss doch auch ohne den Verzicht auf leckeres Gebäck gehen!

Das Wort Diät assoziieren die meisten Menschen in erster Linie mit Verzicht, Hunger und schlechter Laune. Das wollte ich aber auf gar keinen Fall. Deshalb begann ich damit, Rezepte mit besseren Nährwerten (das heißt kalorienärmer und oft proteinreicher) zu kreieren. Auf diese Weise konnte ich dieselben Leckereien genießen wie früher – nur eben mit weniger Kalorien. Seitdem veröffentliche ich meine Rezepte in meinem Instagram-Blog »fit_nurse_lina« und versuche, möglichst vielen Menschen zu zeigen, dass Genuss ohne Reue ganz einfach sein kann.

Beim Abnehmen geht es nicht in erster Linie darum, auf etwas Bestimmtes zu verzichten – wie zum Beispiel auf Kohlenhydrate –, sondern entscheidend ist, weniger Kalorien zu essen, als der Körper benötigt. Nur durch ein sogenanntes Kaloriendefizit wird der Körper dazu angeregt, die ungeliebten Fettpölsterchen abzubauen.

Empfohlen wird dabei ein Kaloriendefizit von höchstens 20 Prozent pro Tag, das heißt, wenn man am Tag beispielsweise 2000 kcal verbrennt, sollte man mindestens etwa 1600 kcal verzehren. Wenn das Defizit über einen längeren Zeitraum zu groß ist, startet der Körper nämlich Notfallmaßnahmen und baut Muskulatur zur Energiegewinnung ab.

Den individuellen Kalorienverbrauch kannst du ganz einfach mithilfe eines Fitness-Trackers am Handgelenk oder der Harris-Benedict-Formel berechnen, die online zu finden ist.

In einer Diät ist es besonders wichtig, ausreichend Eiweiß aufzunehmen, da der Körper sonst damit anfängt, Muskulatur abzubauen. Viele meiner Rezepte in diesem Buch enthalten deswegen eine Extraportion Eiweiß. Natürlich muss man gerade auch beim Abnehmen darauf achten, sich ausgewogen zu ernähren, um ausreichend Vitamine, Mineralstoffe, Spurenelemente, sekundäre Pflanzenstoffe und essenzielle Fettsäuren zu sich zu nehmen. Aber bei all dem sollte auch in der Diät der Genuss nicht zu kurz kommen. Wie einfach das gehen kann, zeige ich dir in diesem Buch: Zum

Beispiel hat ein normaler Schokoladenbrownie ca. 350 Kalorien pro Stück. Meine Bohnen-Brownies hingegen (siehe S. 18) haben nur 72 Kalorien pro Stück. Das sind ca. 80 % weniger Kalorien, die du ganz nebenbei einsparst.

Ich hoffe, die Rezepte in diesem Buch helfen dir dabei, dein Wunschgewicht spielend leicht und ohne Verzicht zu erreichen. Viel Spaß beim Backen!

Meine Abnehmhelfer

Erythrit

Erythrit ist ein biochemisch hergestellter Zuckeralkohol, der als Zuckeraustauschstoff dient, da er nahezu keine Kalorien hat. Er sieht aus wie Zucker, schmeckt wie Zucker und ist fast genauso verwendbar. Allerdings weist er nur 70 Prozent der Süßkraft auf und hat einen kühlenden Effekt beim Verzehr.

Erythrit kommt auch in der Natur vor, zum Beispiel in verschiedenen Obstsorten oder Pistazien und in anderen Lebensmitteln wie Käse oder Wein.

Erythrit wird zu 90 Prozent unverändert über den Urin ausgeschieden und nur 10 Prozent werden im Dünndarm verarbeitet, weshalb die typischen Nebenwirkungen von anderen Zuckerersatzstoffen wie Blähungen deutlich reduziert sind.

Da Erythrit sich nicht auf den Blutzuckerspiegel auswirkt und somit auch nicht auf die Insulinausschüttung, ist er für Diabetiker geeignet. Außerdem ist er nicht

kariogen – verursacht also keine Karies wie Zucker.

Viele aktuelle Studien zeigen, dass der Verzehr von Erythrit unbedenklich ist. Allerdings kann er bei übermäßigem Verzehr abführend wirken.

Erythrit ist im Reformhaus, in Bioläden, in Drogerien und teilweise in gut sortierten Supermärken erhältlich und wird unter unterschiedlichen Handelsnamen vertrieben.

Weizenkleie

Weizenkleie ist das Restprodukt, das bei der Verarbeitung des Weizenkorns entsteht, und besteht aus dessen äußerer trockener Schale. Sie hat weniger Kalorien als Weizenmehl und ist recht eiweißreich. Außerdem liefert sie jede Menge Ballaststoffe, fördert so die Verdauung und ist sehr sättigend.

Flohsamenschalen

Flohsamenschalen sind die Schalen des Flohsamen-Wegerichs oder auch Flohkrauts. Sie zeigen sich wie die Weizenkleie sehr ballaststoffreich, unterstützen deshalb die Verdauung und sind sehr sättigend. Außerdem sind sie sehr fett- und kohlenhydratarm.

Leinsamen

Leinsamen sind die Samen des Flachses und weisen einen nussigen Eigengeschmack auf. Sie sind sehr eiweißreich, kohlenhydratarm und bestehen zu 40 Prozent aus Fett, wovon etwa

LINA WEIDENBACH

Schlank mit Kuchen und Brot

MIT DEM THERMOMIX®

50 LECKERE REZEPTE

Schlank mit Kuchen und Brot

MIT DEM THERMOMIX®

50 LECKERE REZEPTE

bis zu **80%** weniger Kalorien

LINA
WEIDENBACH

riva

Bibliografische Information der Deutschen Nationalbibliothek:
Die Deutsche Nationalbibliothek verzeichnet diese Publikation in der Deutschen Nationalbibliografie. Detaillierte bibliografische Daten sind im Internet über http://d-nb.de abrufbar.

Für Fragen und Anregungen:
info@rivaverlag.de

Wichtiger Hinweis
Sämtliche Inhalte dieses Buches wurden – auf Basis von Quellen, die die Autorin und der Verlag für vertrauenswürdig erachten – nach bestem Wissen und Gewissen recherchiert und sorgfältig geprüft. Alle Rezepte in diesem Buch wurden für den Thermomix® TM5 entwickelt und mit diesem getestet. Bitte beachten Sie: Der Mixtopf des Thermomix® TM5 ist größer als der des TM31 (Kapazität von 2,2 Litern anstatt 2,0 Liter beim TM31). Daher dürfen aus Sicherheitsgründen die Rezepte aus diesem Buch nur dann mit dem TM31 nachgekocht werden, wenn die Mengen angepasst wurden. Achten Sie auf die Füllstandsmarkierungen und überschreiten Sie die maximale Füllmenge nicht. Der Verlag und die Autorin haften für keine nachteiligen Auswirkungen, die in einem direkten oder indirekten Zusammenhang mit den Informationen stehen, die in diesem Buch enthalten sind. Thermomix® ist ein eingetragenes Warenzeichen der Vorwerk & Co. KG. Diese Publikation ist kein offizielles Lizenzprodukt der Vorwerk & Co. KG.

Originalausgabe
1. Auflage 2019
© 2019 by riva Verlag, ein Imprint der Münchner Verlagsgruppe GmbH
Nymphenburger Straße 86
D-80636 München
Tel.: 089 651285-0
Fax: 089 652096

Redaktion: Karoline Kazianka, Veronika Pichl
Umschlaggestaltung: Maria Wittek, Sonja Vallant
Umschlagabbildung und Abbildungen im Innenteil: © Stephanie Just
Satz: ZeroSoft, Timisoara; Andreas Linnemann, München
Druck: Florjancic Tisk d.o.o., Slowenien
Printed in the EU

ISBN Print 978-3-7423-1119-1
ISBN E-Book (PDF) 978-3-7453-0770-2
ISBN E-Book (EPUB, Mobi) 978-3-7453-0771-9

Weitere Informationen zum Verlag finden Sie unter

www.rivaverlag.de

Beachten Sie auch unsere weiteren Verlage unter www.m-vg.de

Inhalt

50 Prozent mehrfach ungesättigte Omega-3-Fettsäuren ausmachen. Diese Fettsäuren sind essenziell, was bedeutet, dass sie der Körper nicht selbst herstellen kann, sondern über die Nahrung aufnehmen muss.

Proteinpulver

Als Protein- bzw. Eiweißpulver bezeichnet man Pulver, das sehr viel Eiweiß enthält. Ich nutze in meinen Rezepten Molke-Protein-Konzentrat, das aus der Molke der Milch hergestellt wird. Man kann es als Proteinpulver in verschiedenen Geschmacksrichtungen in manchen Supermärkten, im Reformhaus, in Drogerien und natürlich online kaufen.

Eiweiß

In vielen Rezepten verwende ich nur das Eiweiß von Hühnereiern, da das Eigelb fettreicher ist und das Gebäck somit kalorienreicher machen würde. Natürlich kann man die Eier trennen und das Eigelb anderweitig verbrauchen, aber ich kaufe immer hochwertiges Hühnereiweiß in Flaschen, um nicht zu viel Eigelbüberschuss zu erhalten. Ein Eiweiß entspricht in etwa 30 g. Generell sollte man darauf achten, dass die Eier möglichst frisch und in Bioqualität sind, da das Eiklar in einigen Rezepten roh verwendet wird.

Mehl

In den meisten meiner Rezepte kommt Weizenvollkornmehl zum Einsatz, da Vollkornmehle mehr Ballaststoffe enthalten und somit länger sättigen. Helles Weizenmehl ist nicht ungesund, es macht

einfach nicht so lange satt und kann Verstopfung begünstigen. Allerdings ist dies individuell verschieden und hängt von der Gewöhnung ab.

Tipps zu den Rezepten

- Um mir das Einfetten zu ersparen, kleide ich die Backformen, bei denen es möglich ist, mit Backpapier aus.
- Da die tatsächliche Ofentemperatur nicht bei jedem Ofen gleich ist, kann auch die Backzeit variieren. Am besten das Gebäck immer im Blick haben und mithilfe der Stäbchenprobe testen, ob es fertig ist.
- Da meine Backwaren deutlich fettärmer sind als herkömmliche, trocknen sie etwas schneller aus. Deshalb solltest du sie möglichst zeitnah verzehren.
- Die Nährwertangaben können möglicherweise variieren, da zum Beispiel nicht jede fettarme Margarine den gleichen Kaloriengehalt hat.
- In einigen Rezepten verwende ich zuckerfreies Apfelmus. Es sollte relativ dickflüssig sein, da der Teig ansonsten zu flüssig wird. Wenn du kein zuckerfreies Apfelmus findest, kannst du auch Apfelmark nehmen, denn das ist immer zuckerfrei.

Brot und Kuchen aus dem Thermomix®

Dank seiner Vielfalt an Funktionen, die auch eine Option zum Kneten von Teig umfasst, ist der Thermomix® auch für seine Aufgabe als Backhelfer bestens gerüstet. Alle Zutaten lassen sich bequem in den Mixtopf einwiegen und werden dank der praktischen Teigknetstufe wie von Profihand verarbeitet. Dabei wird der Thermomix® selbst mit schweren Hefeteigen fertig und lässt sie mithilfe des abwechselnd rechts- und linksherum drehenden Intervallbetriebs glatt und geschmeidig gelingen. Doch das ist noch lange nicht alles.

Wer nun denkt, dass sich das Backtalent der Multifunktionsmaschine bereits im Kneten und Mischen verschiedener Teigsorten erschöpft, irrt. Denn der Thermomix® kann bei der Zubereitung verschiedenster Backwaren sogar noch mehr leisten!

Gelatine

Gelatine gehört zu den Dessert- bzw. Backzutaten, die öfter einmal Probleme bereiten. Sie sollte unter Rühren erhitzt und aufgelöst werden – wird dabei jedoch eine zu hohe Temperatur erreicht, bindet die Gelatine nicht mehr richtig. Für den Thermomix® sind weder eine konstante Temperatur noch stetiges Rühren ein Problem, die Gelatine lässt sich ganz einfach bei etwa 50 °C auflösen.

- Sofort-Gelatine: Das Pulver kann ohne Quellen oder Erhitzen sofort in die kalte oder auch warme Flüssigkeit eingerührt werden. Einfach und gelingsicher.
- Gemahlene Gelatine: Muss erst in etwas Flüssigkeit gerührt werden, danach quellen lassen und mit zusätzlicher Flüssigkeit erhitzen und auflösen.
- Blattgelatine: Die durchsichtigen Scheiben werden erst in Wasser eingeweicht, danach gut ausgedrückt und in etwas Flüssigkeit langsam bis auf 50 °C erwärmt.

Bei der gemahlenen Gelatine und Blattgelatine sollte man Folgendes beachten:

- Direkt im Thermomix® auflösen: Falls es möglich ist, die Zutaten für eine Kuchencreme zu erwärmen, kann man die eingeweichte Gelatine direkt im Mixtopf auflösen.
- Vorher auflösen und in kalte Flüssigkeit einrühren: Bei kalten Cremes oder Sahne muss man einen sogenannten Temperaturausgleich durchführen. Dazu die Gelatine in einem kleinen Topf oder in der Mikrowelle (Auftaustufe) erwärmen und mit etwas Flüssigkeit auflösen. Kurz abkühlen lassen und dann 2–3 EL der gerührten Kuchencreme in die Gelatine einrühren. Danach kann man das Gemisch löffelweise durch die Mixtopföffnung unter Rühren zum Beispiel auf Stufe 2 hinzufügen. Führt man diesen

Temperaturausgleich nicht durch, kann es zu Klümpchenbildung kommen.

Mehl ganz individuell

Mehl lässt sich mithilfe des Thermomix® sogar selbst herstellen! Ganz nach Belieben können Dinkel, Hafer oder Weizen selbst gemahlen werden. Hier kann das volle, besonders mineralstoffreiche Korn verwendet und der Mahlgrad selbst bestimmt werden.

Um feines Mehl zu erhalten, einfach Getreidekörner (100–250 g) in den Mixtopf geben und **1 Min./Stufe 10** mahlen.

Eiweiß im Thermomix® steif schlagen

Eiweiß im Thermomix® minutenschnell steif schlagen. Damit das auch sicher gut gelingt, solltest du auf Folgendes achten:

- Die Eier müssen sorgfältig getrennt werden (keine Eigelb-Rückstände).
- Der Mixtopf und der Rühraufsatz sollten kühl und fettfrei sein (evtl. vorher in den Kühlschrank stellen oder kalt auswaschen).
- Füge 1 Prise Salz und optional noch einige Tropfen Zitronensaft zum Eiweiß hinzu.

Es gibt zwei Möglichkeiten vorzugehen:

- Rühraufsatz in den Mixtopf einsetzen, Eiweiß und 1 Prise Salz hinzufügen und auf Stufe 3,5–4 bis zur gewünschten Festigkeit steif schlagen (bei 3 Eiweiß ca. 2 Minuten).
- Soll das Eiweiß besonders fest werden, kann es im Thermomix® auch warm geschlagen werden. Dazu ebenfalls Rühraufsatz einsetzen, zum Beispiel 3 Eiweiß und 1 Prise Salz einfüllen und in etwa **2 Min./50 °C/ Stufe 4** steif schlagen.

Allgemeine Tipps:

- Durch das kräftige Rühren im Thermomix® wird die Masse oft nach oben an den Rand außerhalb des Rührbereichs geschleudert. Deswegen immer wieder mit dem Spatel nach unten schieben.
- Falls nicht anders vermerkt, bitte immer den Messbecher als Deckel auf den Mixtopf setzen, damit der Inhalt nicht herausspritzt.
- Immer darauf achten: Niemals mit den Händen in den Messerbereich greifen. Es ist sehr scharf!
- Bitte nie ein anderes Rührwerkzeug als den Spatel in die Deckelöffnung einführen. Der Spatel ist so konstruiert, dass er nicht mit den Messern in Berührung kommen kann.
- Wenn dein Thermomix® keinen festen Platz in der Küche hat, stelle ihn immer auf eine rutschfeste, ebene Arbeitsfläche.

Kuchen

Apfelkuchen

NÄHRWERTE FÜR 1 STÜCK:

110 kcal, 5 g Eiweiß, 20 g Kohlenhydrate, 0,5 g Fett

ZUTATEN FÜR 8 STÜCKE:

- 2 Äpfel
- 140 g Weizen-
  vollkornmehl
- 4 TL Backpulver
- 400 g Apfelmus, ohne
  Zuckerzusatz
- 4 Eiweiß (Größe S)
- 100 g Erythrit
- Zimt nach Belieben

1. Den Backofen auf 180 °C Ober-/Unterhitze vorheizen.

2. Die Äpfel waschen, entkernen und in Scheiben schneiden.

3. Das Mehl mit dem Backpulver in den Mixtopf geben und **3 Sek./Stufe 3** vermischen. Apfelmus, Eiweiße, Erythrit und Zimt zugeben und **45 Sek./Stufe 4** verrühren. Den Teig in eine mit Backpapier ausgekleidete Springform (Ø 20 cm) füllen und mit den Apfelscheiben belegen.

4. Den Kuchen etwa 35 Minuten im Ofen backen. Mittels Stäbchenprobe überprüfen, ob der Kuchen durchgebacken ist.

Protein-Cheesecake ohne Boden

NÄHRWERTE FÜR 1 STÜCK:

65 kcal, 9 g Eiweiß, 7 g Kohlenhydrate, 0,1 g Fett

ZUTATEN FÜR 8 STÜCKE:

500 g Magerquark
40 g Vanille-
    puddingpulver
4 Eiweiß (Größe M)
100 g Erythrit
etwas Zitronensaft

1. Den Backofen auf 170 °C Ober-/Unterhitze vorheizen.

2. Alle Zutaten in den Mixtopf geben und **1 Min./Stufe 4** verrühren.

3. Den flüssigen Teig in eine mit Backpapier ausgekleidete Kuchenform (Ø 20 cm) füllen.

4. Kuchen 30 Minuten im Ofen backen. Wenn die Oberfläche zu dunkel wird, den Kuchen mit Alufolie abdecken.

5. Nach Ablauf der Backzeit den Ofen ausstellen, aber den Kuchen bei geöffneter Ofentür (einen Holzlöffel einklemmen) noch im Backofen stehen lassen, damit er langsam auskühlt.

20 g

Erytrit + Vanille
30 sek/ Str. 10

Eier trennen
Eischnee unterheben

70 minuten
vanoua/ Str. 1

Bohnen-Brownies

NÄHRWERTE FÜR 1 STÜCK:

72 kcal, 7,5 g Eiweiß, 7 g Kohlenhydrate, 1 g Fett

ZUTATEN FÜR 6 BROWNIES:

- 250 g Kidneybohnen aus der Dose
- 60 g Wasser
- 25 g Weizen-vollkornmehl
- 25 g Schoko-Proteinpulver
- 1 Eiweiß (Größe M)
- 15 g stark entöltes Kakaopulver
- 5 EL Erythrit

1. Den Backofen auf 180 °C Ober-/Unterhitze vorheizen.

2. Die Kidneybohnen in ein Sieb gießen, ausgiebig abspülen und abtropfen lassen. Danach mit Wasser in den Mixtopf geben und **10 Sek./Stufe 6** pürieren. Bohnenreste am Mixtopfrand mit dem Spatel nach unten schieben.

3. Restliche Zutaten hinzufügen und **45 Sek./Stufe 4** zu einem homogenen Teig mixen. Teig probieren und mit Erythrit nachsüßen, wenn er noch nicht süß genug sein sollte.

4. Teig in eine mit Backpapier ausgekleidete Kastenform (30 cm) füllen und 20–25 Minuten im Ofen backen. Mit der Stäbchenprobe prüfen, ob der Teig fertig ist. Kuchen etwas abkühlen lassen, aus der Form lösen und in 6 Stücke schneiden.

Erdbeer-Pudding-Torte

NÄHRWERTE FÜR 1 STÜCK:

126 kcal, 7 g Eiweiß, 16 g Kohlenhydrate, 1 g Fett

ZUTATEN FÜR 8 STÜCKE:

- 4 Eiweiß (Größe M)
- 1 Prise Salz
- 150 g Erythrit
- 100 g Wasser
- 100 g Weizen-vollkornmehl
- 2 TL Backpulver
- 1 Pck. Vanille-puddingpulver
- 500 g fettarme Milch
- 500 g frische Erdbeeren

1. Den Backofen auf 175 °C Ober-/Unterhitze vorheizen.

2. 3 Eiweiße mit einer Prise Salz in den Mixtopf geben, Rühraufsatz einsetzen und **3–4 Min./Stufe 3** (auf Sicht) steif schlagen. Rühraufsatz entfernen und Eischnee in eine Schüssel umfüllen.

3. Das vierte Eiweiß mit 100 g Erythrit und Wasser in den Mixtopf geben und **25 Sek./Stufe 4** verrühren.

4. Mehl und Backpulver hinzufügen und **15 Sek./Stufe 4** vermengen. Dann den Eischnee vorsichtig mit dem Spatel unter den Teig heben.

5. Teig in eine mit Backpapier ausgekleidete Kuchenform (Ø 20 cm) füllen und etwa 10 Minuten im Ofen backen. Mixtopf und Rühraufsatz reinigen.

6. Für die Füllung das Vanillepuddingpulver mit der Milch und 50 g Erythrit in den Mixtopf geben, Rühraufsatz einsetzen und **15 Sek./Stufe 3** verrühren. Anschließend **7 Min./90 °C/Stufe 2** aufkochen. Danach Rühraufsatz entfernen und Pudding in eine Schüssel umfüllen.

7. Erdbeeren waschen, entstielen und in Scheiben schneiden.

8. Sobald der Kuchen fertig gebacken ist, vorsichtig aus der Form heben, vom Backpapier lösen und horizontal in 2 Hälften schneiden. Dann auskühlen lassen.

9. 1 Teigplatte als Boden auf eine Kuchenplatte legen und mit der Hälfte des Puddings bestreichen, dann die Hälfte der Erdbeeren darauf verteilen. Die zweite Teigplatte darauflegen und den Rest des Puddings und die Erdbeeren daraufgeben.

Schoko-Mikrowellenkuchen mit Kirschen

NÄHRWERTE FÜR 1 KUCHEN:

479 kcal, 32 g Eiweiß, 64 g Kohlenhydrate, 6 g Fett

ZUTATEN FÜR 2 KUCHEN:

- 80 g Instant-Haferflocken (oder auch Schmelzflocken)
- 80 g Dinkelgrieß
- 2 TL Backpulver
- 2 TL Flohsamenschalen
- 20 g stark entöltes Kakaopulver
- 6 EL Erythrit
- 160 g fettarme Milch
- 2 Eiweiß (Größe M)
- 160 g Magerquark
- 200 g entsteinte Kirschen, ohne Zuckerzusatz, aus dem Glas

1. Alle trockenen Zutaten in den Mixtopf geben und **5 Sek./Stufe 3** vermischen.

2. Anschließend Milch, Eiweiß und Magerquark dazugeben und **25 Sek./Stufe 4** zu einem homogenen Teig verrühren.

3. Dann die Kirschen hinzufügen und **10 Sek./Linkslauf/Sanftrührstufe** unterheben.

4. Teig in zwei mikrowellengeeignete Formen (Ø ca. 14 cm) füllen und auf höchster Stufe in der Mikrowelle ungefähr 4 Minuten backen.

Pumpkin Pie

NÄHRWERTE FÜR 1 STÜCK:

155 kcal, 11 g Eiweiß, 23 g Kohlenhydrate, 2 g Fett

ZUTATEN FÜR 8 STÜCKE:

- 150 g Weizen-vollkornmehl
- 80 g Magerquark
- 20 g fettarme Margarine
- 6 Eiweiß (Größe M)
- 550 g Hokkaido-Kürbis
- 300 g Wasser
- 200 g fettarmer Frischkäse
- 100 g Erythrit
- etwas Zimt
- etwas Spekulatius-gewürz
- etwas Mehl für die Arbeitsfläche
- etwas Fett für die Form

1. Weizenvollkornmehl, Magerquark, Margarine und 2 Eiweiße in den Mixtopf geben und **15 Sek./Stufe 5** verrühren. Den Teig in eine Schüssel umfüllen, mit den Händen zu einer Kugel formen und 30 Minuten zugedeckt im Kühlschrank ruhen lassen.

2. Währenddessen den Kürbis entkernen, schälen, in Stücke schneiden und im Varoma verteilen. Wasser in den Mixtopf geben, Mixtopfdeckel schließen, Varoma aufsetzen und die Kürbiswürfel **20 Min./Varoma/Stufe 1** weich garen. Wasser aus Mixtopf weggießen.

3. Die Kürbisstücke abkühlen lassen. Dann in den Mixtopf füllen und **25 Sek./Stufe 7** pürieren. Frischkäse, 4 Eiweiße, das Erythrit, etwas Zimt und Spekulatiusgewürz (Menge je nach Geschmack) hinzugeben und **45 Sek./Stufe 4** verrühren.

4. Den Backofen auf 170 °C Ober-/Unterhitze vorheizen.

5. Den Teig nach der Ruhezeit auf einer bemehlten Arbeitsfläche ausrollen, in eine leicht gefettete Kuchenform (Ø 20 cm) legen und einen Rand hochdrücken.

6. Kürbismischung auf den Teig geben und Kuchen etwa 50 Minuten im Ofen backen.

TIPP

Du kannst auch etwas mehr Teig zubereiten und daraus dekorative Elemente machen (siehe Bild).

Russischer Zupfkuchen

NÄHRWERTE FÜR 1 STÜCK:

147 kcal, 14 g Eiweiß, 16 g Kohlenhydrate, 1 g Fett

ZUTATEN FÜR 8 STÜCKE:

- 150 g Weizen-vollkornmehl
- 1 TL Backpulver
- 15 g stark entöltes Kakaopulver
- 75 g Erythrit
- 100 g Apfelmus, ohne Zuckerzusatz
- 5 Eiweiß (Größe M)
- 500 g Magerquark
- 1 Pck. Vanille-puddingpulver
- 3 gehäufte EL Erythrit

1. Den Backofen auf 170 °C Ober-/Unterhitze vorheizen.

2. Zuerst das Mehl mit dem Backpulver, dem Kakaopulver und dem Erythrit in den Mixtopf geben und **3 Sek./Stufe 3** vermischen. Dann Apfelmus und 1 Eiweiß hinzufügen und **15 Sek./Stufe 5** zu einem krümeligen Teig vermengen.

3. Etwa 5 EL des Teiges entnehmen und beiseitestellen. Den Rest des Teiges mit feuchten Händen in einer mit Backpapier ausgekleideten Kuchenform (Ø 20 cm) auf dem Boden verteilen. Mixtopf reinigen.

4. Danach den Magerquark mit dem Puddingpulver, dem restlichen Eiweiß und dem Erythrit in den Mixtopf geben und **45 Sek./Stufe 4** zu einer homogenen Masse verrühren.

5. Die Quarkmasse auf dem Boden verteilen und den beiseitegelegten Teig als kleine Kleckse darauf verteilen. Kuchen etwa 30 Minuten im Ofen backen.

Maulwurfkuchen

ZUTATEN FÜR 8 STÜCKE:

- 8 Eiweiß (Größe M)
- Salz
- 3 gehäufte EL Erythrit
- 100 g Wasser
- 100 g Weizen-
  vollkornmehl
- 2 TL Backpulver
- 15 g stark entöltes
  Kakaopulver
- 200 g Magerquark
- 2 Spritzer flüssiger
  Süßstoff
- 2 Bananen

1. Den Backofen auf 175 °C Ober-/Unterhitze vorheizen.

2. 4 Eiweiße mit einer Prise Salz in den Mixtopf geben, Rühraufsatz einsetzen und **3–4 Min./Stufe 3** (auf Sicht) steif schlagen. Rühraufsatz herausnehmen und Eischnee in eine Schüssel umfüllen.

3. 1 weiteres Eiweiß mit Erythrit und Wasser in den Mixtopf geben und **20 Sek./Stufe 3** verrühren. Mehl, Backpulver und Kakaopulver hinzugeben und **15 Sek./Stufe 4** verrühren. Dann den Eischnee vorsichtig mit dem Spatel unter den Teig heben.

4. Teig in eine mit Backpapier ausgekleidete Kuchenform (Ø 20 cm) geben und 12–15 Minuten im Ofen backen. Mixtopf und Rühraufsatz reinigen.

5. Für die Füllung 3 Eiweiße mit einer Prise Salz in den Mixtopf geben, Rühraufsatz einsetzen und **3–4 Min./Stufe 3** (auf Sicht) steif schlagen. Magerquark mit Süßstoff nach und nach vorsichtig mit dem Spatel unter den Eischnee rühren.

6. Sobald der Boden fertig gebacken ist, vorsichtig aus der Form heben, vom Backpapier lösen, horizontal in 2 Hälften schneiden und abkühlen lassen. 1 Hälfte als Boden auf eine Kuchenplatte legen.

7. Die Bananen schälen, in Scheiben schneiden und auf dem Boden verteilen. Die Füllung kuppelförmig darüberhäufen.

8. Zum Schluss die zweite Teighälfte zerbröseln und die Füllung damit bedecken.

Protein-Schokoladen-Muffins

NÄHRWERTE FÜR 1 STÜCK:

57 kcal, 5,5 g Eiweiß, 7 g Kohlenhydrate, 0,5 g Fett

ZUTATEN FÜR 7 MUFFINS:

- 40 g Weizen-vollkornmehl
- 30 g Schoko-Proteinpulver
- 5 g stark entöltes Kakaopulver
- 1 TL Backpulver
- 200 g Apfelmus, ohne Zuckerzusatz
- 3 Eiweiß

1. Den Backofen auf 180 °C Ober-/Unterhitze vorheizen.

2. Alle Zutaten in den Mixtopf geben und **45 Sek./Stufe 4** zu einem homogenen Teig verrühren.

3. Teig in 7 gefettete Muffinformen füllen und 20 Minuten im Ofen backen.

Bienenstich

NÄHRWERTE FÜR 1 STÜCK:

132 kcal, 8 g Eiweiß, 11 g Kohlenhydrate, 4 g Fett

ZUTATEN FÜR 8 STÜCKE:

4 Eiweiß (Größe M)
Salz
6 EL Erythrit + 50 g
100 g Wasser
100 g Weizen-
  vollkornmehl
2 TL Backpulver
20 g gehobelte Mandeln
1 Pck. Vanille-
  puddingpulver
500 ml fettarme Milch

1. Den Backofen auf 175 °C Ober-/Unterhitze vorheizen.

2. 3 Eiweiße mit einer Prise Salz in den Mixtopf geben, Rühraufsatz einsetzen und **3–4 Min./Stufe 3** (auf Sicht) steif schlagen. Rühraufsatz entfernen und Eischnee in eine Schüssel umfüllen

3. Das vierte Eiweiß mit 6 EL Erythrit und Wasser in den Mixtopf geben und **20 Sek./Stufe 4** vermengen. Mehl und Backpulver hinzugeben und alles **15 Sek./Stufe 4** verrühren. Dann den Eischnee vorsichtig mit dem Spatel unter den Teig heben.

4. Teig in eine mit Backpapier ausgekleidete Kuchen-form (Ø 20 cm) füllen und mit den gehobelten Mandeln bestreuen. Etwa 10–15 Minuten im Ofen backen. Mix-topf und Rühraufsatz reinigen.

5. Währenddessen für die Füllung das Vanillepudding-pulver mit 50 g Erythrit und der Milch in den Mixtopf geben, Rühraufsatz einsetzen und **15 Sek./Stufe 3** verrühren. Anschließend **7 Min./90 °C/Stufe 2** aufko-chen. Danach Rühraufsatz entfernen und Pudding in eine Schüssel umfüllen.

6. Sobald der Kuchen fertig gebacken ist, vorsichtig aus der Form heben, vom Backpapier lösen und horizontal in 2 Hälften schneiden. Auskühlen lassen.

7. Die Teigplatte ohne Mandeln auf eine Kuchenplatte le-gen und mit dem Pudding bestreichen. Die zweite Teigplatte mit den Mandeln nach oben daraufsetzen.

Zitronen-Kichererbsen-Kuchen mit Glasur

NÄHRWERTE FÜR 1 STÜCK:

36 kcal, 5 g Eiweiß, 3 g Kohlenhydrate, 0,4 g Fett

ZUTATEN FÜR 17 STÜCKE:

- 2 Dosen Kichererbsen (à 240 g, ohne Zuckerzusatz)
- 2 EL Wasser
- 40 g Vanille-Proteinpulver
- 2 TL Backpulver
- 4 Eiweiß (Größe M)
- 8 EL Erythrit
- 1 unbehandelte Zitrone
- 10 EL Erythrit oder Puder-Erythrit
- 3–4 EL Zitronensaft oder Wasser

1. Den Backofen auf 180 °C Ober-/Unterhitze vorheizen.

2. Die Kichererbsen in ein Sieb gießen, ausgiebig abspülen und abtropfen lassen. Danach mit Wasser in den Mixtopf geben und **10 Sek./Stufe 6** pürieren. Kichererbsenreste am Rand mit dem Spatel nach unten schieben.

3. Proteinpulver, Backpulver, die Eiweiße, Erythrit, etwas geriebene Zitronenschale und etwas Zitronensaft hinzugeben und **1 Min./Stufe 4** zu einem homogenen Teig verarbeiten.

4. Den Teig in eine mit Backpapier ausgekleidete Kastenform (30 cm) füllen und 30–35 Minuten im Ofen backen.

5. Für die Glasur den Erythrit in den Mixtopf geben und **7 Sek./Stufe 9** pulverisieren. Dann Zitronensaft hinzufügen und **20 Sek./Stufe 2** zu einem Guss vermischen und diesen über den abgekühlten Kuchen geben.

Zucchini-Schoko-Kuchen

NÄHRWERTE FÜR 1 STÜCK

43 kcal, 5 g Eiweiß, 4 g Kohlenhydrate, 0,4 g Fett

ZUTATEN FÜR 8 STÜCKE:

- 1 Zucchini (175 g)
- 40 g Weizen-vollkornmehl
- 25 g Schoko-Proteinpulver
- 2 Eiweiß (Größe M)
- 1 TL Backpulver
- 10 g stark entöltes Kakaopulver
- 4 EL Erythrit

1. Den Backofen auf 170 °C Ober-/Unterhitze vorheizen.

2. Zucchini waschen, putzen und in gleichmäßige Stücke schneiden. In den Mixtopf füllen und **8 Sek./Stufe 5** klein hacken.

3. Zucchiniraspel am Mixtopfrand mit dem Spatel nach unten schieben und restliche Zutaten in den Mixtopf hinzufügen. Dann alles **30 Sek./Stufe 3** vermengen.

4. Teig in eine mit Backpapier ausgekleidete Kastenform (30 cm) füllen und 20–25 Minuten im Ofen backen.

Mandarinen-Frischkäse-Torte

NÄHRWERTE FÜR 1 STÜCK:

121 kcal, 14 g Eiweiß, 12 g Kohlenhydrate, 2 g Fett

ZUTATEN FÜR 8 STÜCKE:

- 3 Eiweiß (Größe M)
- 1 Prise Salz
- 4 EL Erythrit + 200 g
- 50 g Wasser
- 50 g Weizen-
  vollkornmehl
- 1 TL Backpulver
- 500 g fettarmer
  Frischkäse
- 500 g fettarmer Joghurt
- 300 g Mandarinen
  aus dem Glas, ohne
  Zuckerzusatz
- 10 Blatt Gelatine

1. Den Backofen auf 175 °C Ober-/Unterhitze vorheizen.

2. 2 Eiweiße mit einer Prise Salz in den Mixtopf geben, Rühraufsatz einsetzen und **2–3 Min./Stufe 3** (auf Sicht) steif schlagen. Rühraufsatz herausnehmen und Eischnee in eine Schüssel umfüllen.

3. Das dritte Eiweiß mit 4 EL Erythrit und Wasser in den Mixtopf geben. **20 Sek./Stufe 3** verrühren. Mehl und Backpulver hinzugeben und **15 Sek./Stufe 3** vermengen. Eischnee mit dem Spatel unter den Teig heben.

4. Den Teig in eine mit Backpapier ausgekleidete Kuchenform (Ø 20 cm) füllen und ca. 10 Minuten backen. Mixtopf reinigen.

5. Währenddessen den Frischkäse mit dem Joghurt und 200 g Erythrit in den Mixtopf einwiegen und **30 Sek./Stufe 4** verrühren. Die Mandarinen in ein Sieb abgießen, abtropfen lassen und mit dem Spatel unter die Frischkäse-Joghurt-Mischung heben.

6. Gelatineblätter nach Packungsangabe in Wasser einweichen, leicht ausdrücken und in einem Topf erwärmen, bis sie sich komplett aufgelöst haben.

7. 1–2 Esslöffel der Frischkäse-Joghurt-Creme zur Gelatine geben und kräftig durchrühren. Die Frischkäse-Joghurt-Creme im Mixtopf **30 Sek./Linkslauf/Stufe 1,5** rühren lassen, die Gelatinemischung löffelweise durch die Mixtopföffnung einfüllen (Tipp siehe S. 10). Mit dem Spatel nochmals alles durchmischen.

8. Sobald der Kuchen fertig gebacken ist, vorsichtig aus der Form heben, vom Backpapier lösen, auf eine Platte setzen und mit einem Kuchenring umgeben.

9. Die Frischkäsemischung auf dem abgekühlten Boden verteilen und Torte über Nacht in den Kühlschrank stellen.

Heidelbeer-Vanille-Cupcakes

ZUTATEN FÜR 6 CUPCAKES:

- 60 g Weizen-
  vollkornmehl
- 1 Pck. Vanillepudding-
  pulver
- 7 g Backpulver
- 2 EL Erythrit
- 200 g Magerquark
- 1 Eiweiß (Größe M)
- 50 g frische
  Heidelbeeren
- 120 g fettarmer
  Frischkäse 0,2 % Fett
- 60 g Puder-Erythrit
- Bourbon-Vanillepulver
  oder Vanillearoma
  nach Belieben

1. Den Backofen auf 170 °C Ober-/Unterhitze vorheizen.

2. Zuerst das Mehl mit dem Puddingpulver, dem Back-pulver, dem Erythrit, dem Magerquark und dem Eiweiß in den Mixtopf geben und **30 Sek./Stufe 4** zu einem zä-hen, klebrigen Teig verrühren.

3. Die Heidelbeeren waschen, verlesen und mit Küchen-papier trocken tupfen.

4. Den Teig abwechselnd mit ein paar frischen Heidel-beeren in Silikon-Muffinförmchen füllen und die Muf-fins 20 Minuten im Ofen backen. Mixtopf reinigen.

5. Für das Topping den Frischkäse mit dem Puder-Erythrit und dem Vanillepulver in den Mixtopf geben und **30 Sek./ Stufe 3** vermischen. In eine Schüssel umfüllen und in den Kühlschrank stellen.

6. Sobald die fertigen Muffins abgekühlt sind, das Top-ping in einen Spritzbeutel mit Sterntülle füllen und gleichmäßig auf den Muffins verteilen.

TIPP

Puder-Erythrit kann man ganz leicht selbst herstellen. Dazu einfach die gewünschte Menge Erythrit in den Mixtopf geben und mit Stufe 9 pulverisieren.

Pfirsich-Tartelettes

NÄHRWERTE FÜR 1 STÜCK:

178 kcal, 8 g Eiweiß, 32 g Kohlenhydrate, 1 g Fett

ZUTATEN
FÜR 3 TARTELETTES:

- 100 g Weizen-
  vollkornmehl
- 1 TL Backpulver
- 100 g Apfelmus, ohne
  Zuckerzusatz
- 100 g Magerquark
- 4 EL Erythrit
- 200 g Pfirsiche aus
  dem Glas, ohne
  Zuckerzusatz
- 1 Pck. Tortenguss
- 250 g Wasser

1. Den Backofen auf 170 °C Ober-/Unterhitze vorheizen.

2. Das Mehl, das Backpulver, das Apfelmus, den Magerquark und 2 EL Erythrit in den Mixtopf geben und alles
   30 Sek./Stufe 4 zu einem Teig vermengen.

3. Den Teig in 3 leicht gefettete Tartelletteformen
   (Ø 12 cm) verteilen. Tartelettes 20 Minuten im Ofen backen. Mixtopf reinigen.

4. Anschließend die Pfirsiche in einem Sieb abtropfen
   lassen und in Scheiben schneiden. Die fertig gebackenen Böden mit den Pfirsichscheiben belegen.

5. Für den Tortenguss das Tortengusspulver mit Wasser
   und 2 EL Erythrit in den Mixtopf geben und **10 Sek./
   Stufe 3** vermischen. Danach **5 Min./100 °C/Stufe 2**
   aufkochen. Den Tortenguss bis auf 50 °C abkühlen lassen (auf Anzeige ersichtlich), über die Tartelettes träufeln und abkühlen lassen.

Himbeer-Biskuitrolle

NÄHRWERTE FÜR 1 STÜCK:

53 kcal, 6 g Eiweiß, 6 g Kohlenhydrate, 0,2 g Fett

ZUTATEN FÜR 8 STÜCKE:

5 Eiweiß (Größe M)
Salz
4 gehäufte EL Erythrit
50 g Wasser
50 g Weizen-
    vollkornmehl
1 TL Backpulver
200 g Magerquark
2 Spritzer flüssiger
    Süßstoff
125 g frische
    Himbeeren

1. Den Backofen auf 180 °C Ober-/Unterhitze vorheizen.

2. 2 Eiweiße mit einer Prise Salz in den Mixtopf geben, Rühraufsatz einsetzen und **2–3 Min./Stufe 3** (auf Sicht) steif schlagen. Rühraufsatz entfernen und Eischnee in eine Schüssel umfüllen.

3. Dann 1 weiteres Eiweiß mit dem Erythrit und dem Wasser in den Mixtopf geben und **20 Sek./Stufe 3** ver-vermengen. Mehl und Backpulver hinzugeben alles **15 Sek./Stufe 3** verrühren. Dann den Eischnee vorsichtig mit dem Spatel unter den Teig heben.

4. Anschließend den Teig in auf einem mit Backpapier belegten Blech zu einem etwa 20×30 cm großen Rechteck verstreichen und 10–14 Minuten im Ofen backen. Mixtopf und Rühraufsatz reinigen.

5. Restliches Eiweiß mit einer Prise Salz in den Mixtopf geben, Rühraufsatz einsetzen und **2–3 Min./Stufe 3** (auf Sicht) steif schlagen. Magerquark mit Süßstoff nach und nach vorsichtig mit dem Spatel unter den Eischnee rühren. Die Himbeeren verlesen, vorsichtig waschen und mit Küchenpapier trocken tupfen.

6. Sobald der Teig fertig gebacken ist, diesen samt Backpapier auf ein zweites Backpapier oder ein Geschirr-tuch stürzen. Mitgebackenes Backpapier vorsichtig mit einem Messer vom Teig lösen und abziehen.

7. Den abgekühlten Teig mit der Creme bestreichen, die Himbeeren darauf verteilen und Teig von der längeren Seite aus aufrollen.

Pflaumenblechkuchen

NÄHRWERTE FÜR 1 STÜCK:

117 kcal, 4,8 g Eiweiß, 21,2 g Kohlenhydrate, 0,7 g Fett

ZUTATEN FÜR 27 STÜCKE:

- 600 g Weizen-vollkornmehl
- 2 Pck. Backpulver
- 4 EL Dinkelgrieß
- Zimt nach Belieben
- 600 g Apfelmus, ohne Zuckerzusatz
- 300 g Magerquark
- 4 Eiweiß (Größe M)
- 100 ml fettarme Milch
- 6 EL Erythrit
- 1 kg Pflaumen

1. Den Backofen auf 180 °C Ober-/Unterhitze vorheizen.

2. Das Mehl mit dem Backpulver, dem Dinkelgrieß und etwas Zimt in den Mixtopf geben und **3 Sek./Stufe 3** vermischen.

3. Dann das Apfelmus, den Magerquark, das Eiweiß, die Milch und den Erythrit hinzugeben und alles **1 Min./Stufe 4** verrühren.

4. Den Teig auf ein mit Backpapier belegtes Blech streichen.

5. Die Pflaumen waschen, vierteln, entkernen und gleichmäßig auf dem Teig verteilen. Den Kuchen 25–30 Minuten im Ofen backen.

TIPP

Zu dem Pflaumenblechkuchen passt die Fake-Sahne (Seite 123) sehr gut.

Birnen-Crumble

ZUTATEN
FÜR 8 PORTIONEN:

4 Birnen
etwas Zitronensaft
8 EL Erythrit
Bourbon-Vanille nach
    Belieben
100 g Weizen-
    vollkornmehl
100 g Magerquark
20 g fettarme Margarine

1. Den Backofen auf 200 °C Ober-/Unterhitze vorheizen.

2. Zuerst die Birnen waschen, entkernen, in Stücke schneiden und mit etwas frischem Zitronensaft, 4 EL Erythrit und ggf. etwas Bourbon-Vanille in einer Schüssel vermengen.

3. Anschließend das Mehl mit dem Magerquark, der Margarine und dem restlichen Erythrit im Mixtopf **10 Sek./Stufe 3** zu Bröseln verarbeiten.

4. Die Birnen in eine Auflaufform (27x18 cm) legen, die Brösel darüber verteilen und den Crumble etwa 20 Minuten im Ofen backen.

TIPP:

Den Crumble unbedingt noch warm servieren, da er so am besten schmeckt und die Brösel kalt sehr hart werden. Du kannst ihn auch aufwärmen, dadurch werden die Brösel wieder weicher.
Zu dem Crumble passt die kalorienreduzierte Vanillesoße von Seite 122 sehr gut.

Süße Gerichte und Gebäck

Soft Baked Chocolate Cookies

NÄHRWERTE FÜR 1 STÜCK:

88 kcal, 4 g Eiweiß, 12,4 g Kohlenhydrate, 2,3 g Fett

ZUTATEN FÜR 6 COOKIES:

- 1 Dose Kidneybohnen (à 250 g)
- 1 EL Wasser
- 25 g Schoko-puddingpulver
- 1 TL Backpulver
- 1 Eiweiß (Größe M)
- 5 g stark entöltes Kakaopulver
- (mind.) 50 g Erythrit
- 35 g zuckerfreie Vollmilchschokolade

1. Den Backofen auf 180 °C Ober-/Unterhitze vorheizen.

2. Die Kidneybohnen in ein Sieb abgießen, gut abspülen und abtropfen lassen. Danach mit Wasser in den Mixtopf geben und **10 Sek./Stufe 7** pürieren.

3. Bohnenreste am Mixtopfrand mit dem Spatel nach unten schieben, restliche Zutaten (außer der Schokolade) hinzufügen und **30 Sek./Stufe 7** zu einem festen Teig mixen.

4. Mit einem Löffel aus der Masse 6 Kleckse auf ein mit Backpapier belegtes Blech setzen.

5. Die Schokolade klein schneiden und in den Teig drücken.

6. Die Cookies 20 Minuten im Ofen backen und anschließend abkühlen lassen.

TIPP:

Nicht wundern, dass die Kekse nach dem Backen innen noch sehr weich sind – sie sind trotzdem durchgebacken. Anstelle des Puddingpulvers kannst du auch Schoko-Proteinpulver verwenden.

Amerikaner

NÄHRWERTE FÜR 1 STÜCK:

134 kcal, 5,3 g Eiweiß, 23,3 g Kohlenhydrate, 1,9 g Fett

ZUTATEN
FÜR 8 AMERIKANER:

2 Eier (Größe M)

90 g Erythrit

Vanillearoma nach Belieben

250 g Weizenmehl, Typ 405

2 TL Backpulver

125 g fettarme Milch

15 EL Erythrit oder Puder-Erythrit

6 EL lauwarmes Wasser

1. Den Backofen auf 180 °C Ober-/Unterhitze vorheizen.

2. Die Eier mit dem Erythrit und dem Vanillearoma in den Mixtopf geben und **20 Sek./Stufe 4** schaumig rühren. Dann das Mehl mit dem Backpulver und der Milch hinzufügen und **25 Sek./Stufe 4** zu einem homogenen Teig verrühren.

3. Mit einem Löffel jeweils etwa 2 EL des Teiges als Kleckse auf ein mit Backpapier belegtes Blech setzen und die Amerikaner 20 Minuten im Ofen backen.

4. Für die Glasur den Erythrit in den Mixtopf geben und **7 Sek./Stufe 9** pulverisieren. Dann Wasser hinzufügen und **25 Sek./Stufe 2** zu einer cremigen Masse verrühren. Sobald die fertig gebackenen Amerikaner abgekühlt sind, die glatte Unterseite mit dem Zuckerguss bestreichen. Die Glasur vor dem Servieren antrocknen lassen.

TIPP:

Für eine schokoladige Variante einfach die Schokoladenglasur von den Donuts auf Seite 71 verwenden.

Puddingteilchen

NÄHRWERTE FÜR 1 STÜCK:

146 kcal, 6,2 g Eiweiß, 19 g Kohlenhydrate, 2,5 g Fett

ZUTATEN FÜR 6 STÜCK:

- 125 g Weizenmehl, Typ 405 + etwas für die Arbeitsfläche
- 1 gehäufter TL Backpulver
- 4 EL Erythrit
- 100 g Magerquark
- 35 g fettarme Margarine
- 1 Pck. Vanille- puddingpulver
- 350 g fettarme Milch
- 4 EL Puder-Erythrit
- 2 EL Wasser

1. Den Backofen auf 160 °C Ober-/Unterhitze vorheizen.

2. Das Mehl, das Backpulver, 2 EL Erythrit, den Mager- quark und die Margarine in den Mixtopf geben und **45 Sek./Stufe 3** zu einem krümeligen Teig verrühren. Aus dem Mixtopf nehmen und kurz mit den Händen zu einer Kugel verkneten.

3. Den Teig in 6 gleiche Portionen zerteilen und jede Por- tion auf einer bemehlten Arbeitsfläche zu einer etwa 20 cm langen Rolle formen. Die Rollen kreisförmig auf ein mit Backpapier ausgelegtes Backblech legen.

4. Anschließend für die Füllung das Vanillepuddingpul- ver, 2 EL Erythrit und die Milch in den Mixtopf geben, Rühraufsatz einsetzen und **10 Sek./Stufe 3** verrühren. Anschließend **6 Min./90 °C/Stufe 2** zu einem Pudding zubereiten und diesen in die Teigkreise füllen.

5. Die Puddingteilchen 20 Minuten im Ofen backen, da- nach herausnehmen und abkühlen lassen. Den Rand mit einem Guss aus Puder-Erythrit und Wasser (in einer kleinen Schüssel vermischen) bestreichen.

Dampfnudeln

NÄHRWERTE FÜR 1 STÜCK:

208 kcal, 8 g Eiweiß, 40 g Kohlenhydrate, 1 g Fett

ZUTATEN
FÜR 4 DAMPFNUDELN:

- 100 g fettarme Milch
- 13 g frische Hefe
- 10 g Zucker
- 200 g Weizenmehl, Typ 405
- 1 Eiweiß (Größe S)
- 12 g fettarme Margarine
- 500 g Wasser
- 1 Prise Salz

1. Die Milch, die frische Hefe und den Zucker in den Mixtopf geben und **2 Min./37 °C/Stufe 1** erwärmen.

2. Restliche Zutaten hinzufügen und **2 Min./Knetmodus** verkneten.

3. Den Teig in eine Schüssel umfüllen und ca. 30–45 Minuten mit einem Tuch abgedeckt an einem warmen Ort ruhen lassen. Das Volumen sollte sich anschließend in etwa verdoppelt haben.

4. Varoma und Varoma-Einlegeboden leicht fetten. Den Teig in 4 gleich große Stücke zerteilen und zu Kugeln formen. Eine Kugel in den Varoma setzen, die anderen 3 Kugeln auf dem Varoma-Einlegeboden verteilen, Varomadeckel aufsetzen und nochmals ca. 20 Min. abgedeckt an einem warmen Ort gehen lassen.

5. Dann Wasser mit Salz in den Mixtopf geben. Mixtopfdeckel schließen, Varoma aufsetzen und **25 Min./Varoma/Stufe 1** garen. Während des Dämpfvorgangs den Varomadeckel nicht öffnen! Dampfnudeln sofort warm servieren.

TIPP:

Zu den Dampfnudeln passen gut etwas geschmolzene Margarine mit Erythrit und Mohn oder kalorienarme Vanillesoße (Rezept siehe Seite 122).

Heidelbeer-Quark-Grießauflauf

NÄHRWERTE FÜR 1 PORTION:

433 kcal, 45 g Eiweiß, 53 g Kohlenhydrate, 2,5 g Fett

ZUTATEN FÜR 1 PORTION:

- 3 Eiweiß (Größe M)
- 1 Prise Salz
- 60 g Dinkelgrieß
- 1 TL Backpulver
- 4 gehäufte EL Erythrit
- 1 Messerspitze Bourbon-Vanillepulver
- 150 g Magerquark
- 125 g frische Heidelbeeren

1. Den Backofen auf 170 °C Ober-/Unterhitze vorheizen.

2. Die Eiweiße mit einer Prise Salz in den Mixtopf geben, Rühraufsatz einsetzen und **3–4 Min./Stufe 3** (auf Sicht) steif schlagen. Rühraufsatz entfernen und Eischnee in eine Schüssel umfüllen.

3. Dinkelgrieß, Backpulver, Erythrit, Vanille und Magerquark in den Mixtopf geben und **30 Sek./Stufe 3** vermischen. Dann den Eischnee vorsichtig mit dem Spatel unter den Teig heben.

4. Die Heidelbeeren verlesen, vorsichtig waschen und mit Küchenpapier trocken tupfen.

5. Den Teig in eine Auflaufform (26 × 21 cm) füllen, die Heidelbeeren darauf verteilen und den Auflauf 25–28 Minuten im Ofen backen.

Protein-Tiramisu

NÄHRWERTE FÜR 1 PORTION:

168 kcal, 18 g Eiweiß, 19 g Kohlenhydrate, 1 g Fett

ZUTATEN
FÜR 4 PORTIONEN:

6 Eiweiß (Größe M)
Salz
100 g Wasser
4 EL Erythrit
100 g Weizen-
   vollkornmehl
2 TL Backpulver
200 g Magerquark
etwas flüssiger Süßstoff
2 Espressi (alternativ
   schwarzer Kaffee)
ein paar Tropfen Rum-
   aroma
10 g stark entöltes
   Kakaopulver

1. Den Backofen auf 170 °C Ober-/Unterhitze vorheizen.

2. Zuerst für den Boden 2 Eiweiße mit einer Prise Salz in den Mixtopf geben, Rühraufsatz einsetzen und **2–3 Min./ Stufe 3** (auf Sicht) steif schlagen. Rühraufsatz entfernen und Eischnee in eine Schüssel umfüllen.

3. 2 weitere Eiweiße mit Wasser und Erythrit **25 Sek./ Stufe 3** schaumig rühren. Mehl und Backpulver hinzufügen und **25 Sek./Stufe 4** vermischen. Anschließend den Eischnee vorsichtig mit dem Spatel unter den Teig heben.

4. Teig auf einem mit Backpapier belegten Backblech zu einem etwa 7 mm dicken Rechteck verstreichen und 10–12 Minuten im Ofen backen. Mixtopf und Rühraufsatz reinigen.

5. Während des Backens die restlichen 2 Eiweiße mit einer Prise Salz in den Mixtopf geben, Rühraufsatz einsetzen und **2–3 Min./Stufe 3** (auf Sicht) steif schlagen. Magerquark mit 2 Spritzern flüssigen Süßstoffs nach und nach vorsichtig mit dem Spatel unter den Eischnee rühren.

6. Sobald der Teig fertig gebacken ist, mit dem Backpapier auf ein zweites Backpapier oder ein Geschirrtuch stürzen und das mitgebackene Backpapier vorsichtig mithilfe eines Messers vom Teig ablösen.

7. Den Teig in 2 Hälften schneiden und 1 davon in eine passende Auflaufform legen.

8. Die Espressi kochen, etwas Rumaroma und ein wenig Süßstoff hineinrühren und den Boden damit tränken.

9. Etwa die Hälfte der Creme auf dem Boden verteilen. Die zweite Teighälfte darauflegen und den Rest der Creme darauf verstreichen.

10. Zum Schluss Kakaopulver über die Creme streuen.

Kokosmakronen

NÄHRWERTE FÜR 1 STÜCK:

36 kcal, 2 g Eiweiß, 1 g Kohlenhydrate, 3 g Fett

ZUTATEN FÜR 24 MAKRONEN:

5 Eiweiß (Größe M)
1 Prise Salz
100 g Puder-Erythrit
65 g Magerquark
100 g Kokosraspel

1. Den Backofen auf 150 °C Ober-/Unterhitze vorheizen.

2. Die Eiweiße mit dem Salz in den Mixtopf geben, Rühraufsatz einsetzen und **4–5 Min./Stufe 3** (auf Sicht) steif schlagen. Ab der 3. Minute den Puder-Erythrit durch die Mixtopfdeckelöffnung langsam einrieseln lassen und alles gut verrühren. Rühraufsatz entfernen.

3. Magerquark und Kokosraspel nach und nach vorsichtig mit dem Spatel unterheben.

4. Die Masse in einen Spritzbeutel mit Sterntülle füllen und damit Makronen auf ein Backpapier spritzen.

5. Die Makronen 20 Minuten im Ofen backen.

Waffeln

ZUTATEN FÜR 5 WAFFELN:

- 2 Eiweiß (Größe M)
- 1 Prise Salz
- 3 EL Erythrit
- 100 g fettarme Milch
- 75 g Weizen-
  vollkornmehl
- 1 TL Backpulver

1. 1 Eiweiß mit einer Prise Salz in den Mixtopf geben, Rühraufsatz einsetzen und **1 Min./Stufe 3** (auf Sicht) steif schlagen. Rühraufsatz entfernen und Eischnee in eine Schüssel umfüllen.

2. Das andere Eiweiß mit Erythrit und Milch in den Mixtopf geben und **20 Sek./Stufe 3** verrühren. Das Mehl mit dem Backpulver hinzufügen und **15 Sek./Stufe 3** verrühren. Dann den Eischnee vorsichtig mit dem Spatel unter den Teig heben.

3. Das Waffeleisen anheizen (wenn nötig leicht fetten) und aus jeweils etwa 3 EL Teig darin Waffeln ausbacken.

Apfelpfannkuchen

NÄHRWERTE FÜR 1 STÜCK:

85 kcal, 5 g Eiweiß, 14 g Kohlenhydrate, 0,5 g Fett

ZUTATEN
FÜR 5 PFANNKUCHEN:

2 Eiweiß (Größe M)

1 Prise Salz

1 Apfel

3 gehäufte EL Erythrit

100 g fettarme Milch

75 g Weizen-
  vollkornmehl

1 TL Backpulver

Vanillearoma nach
  Belieben

1. 1 Eiweiß mit einer Prise Salz in den Mixtopf geben, Rühraufsatz einsetzen und **1 Min./Stufe 3** (auf Sicht) steif schlagen. Rühraufsatz entfernen und Eischnee in eine Schüssel umfüllen.

2. Apfel waschen, entkernen und in dünne Scheiben schneiden.

3. Das zweite Eiweiß mit dem Erythrit und der Milch in den Mixtopf geben und **20 Sek./Stufe 3** verrühren. Mehl, Backpulver und nach Belieben noch Vanillearoma hinzugeben und **15 Sek./Stufe 3** gut vermischen. Dann den Eischnee vorsichtig mit dem Spatel unter den Teig heben.

4. Eine beschichtete Pfanne erhitzen. 2–3 EL Teig hineingeben und zu einem Pfannkuchen verlaufen lassen. Ein paar Apfelscheiben draufl egen. Sobald sich an der Oberfläche Bläschen bilden, Pfannkuchen wenden und fertig backen. Mit dem restlichen Teig ebenso verfahren.

Donuts mit Schokoglasur

NÄHRWERTE FÜR 1 STÜCK:

78 kcal, 6 g Eiweiß, 10 g Kohlenhydrate, 1 g Fett

ZUTATEN FÜR 6 DONUTS:

80 g Weizen-
vollkornmehl

1 TL Backpulver

75 g fettarmer Joghurt

2 Eiweiß (Größe M)

4 EL Erythrit

etwas Fett für die Form

2 Blatt Gelatine

30 g stark entöltes
Kakaopulver

flüssiger Süßstoff nach
Belieben

etwas Wasser

1. Den Backofen auf 180 °C Ober-/Unterhitze vorheizen.

2. Mehl und Backpulver mit Joghurt, Eiweißen und Erythrit in den Mixtopf geben und **45 Sek./Stufe 3** zu einem Teig verrühren.

3. Teig in eine leicht gefettete Donutform verteilen und 15 Minuten im Ofen backen.

4. Für die Glasur die Gelatine nach Packungsanleitung einweichen.

5. Kakaopulver in einer kleinen Schüssel mit Süßstoff nach Belieben und so viel Wasser verrühren, dass eine cremige Masse entsteht. Masse in einem Topf leicht erwärmen. Gelatine hinzugeben und rühren, bis sie sich vollständig aufgelöst hat.

6. Die fertig gebackenen, abgekühlten Donuts von einer Seite in die Schokoladensoße tunken und sofort servieren.

Zimtschnecken

ZUTATEN
FÜR 6 SCHNECKEN:

- 100 g fettarme Milch
- 13 g frische Hefe
- 6 g Zucker
- 200 g Weizenmehl, Typ 405 + etwas für die Arbeitsfläche
- 12 g fettarmer Joghurt
- 1 Eiweiß (Größe S)
- 14 g fettarme Margarine
- 2 TL Zimt
- 3 gehäufte EL Erythrit

1. Die Milch, die frische Hefe und den Zucker in den Mixtopf geben und **2 Min./37 °C/Stufe 1** erwärmen.

2. Das Mehl, den Joghurt und das Eiweiß hinzufügen und **2 Min./Knetmodus** zu einem Teig verkneten.

3. Den Teig in eine Schüssel umfüllen und ca. 30–45 Minuten mit einem Tuch abgedeckt an einem warmen Ort ruhen lassen. Das Volumen sollte sich anschließend in etwa verdoppelt haben.

4. Den Backofen auf 180 °C Ober-/Unterhitze vorheizen.

5. Nach der Ruhezeit den Teig nochmals mit den Händen durchkneten, auf einer bemehlten Arbeitsfläche mit einem Nudelholz zu einem ca. 25 × 15 cm großen Rechteck ausrollen und nochmals ca. 20 Min. abgedeckt gehen lassen.

6. Margarine in einem Topf oder in der Mikrowelle schmelzen lassen und den Teig damit bestreichen. Zimt und Erythrit daraufstreuen und den Teig von der längeren Seite aus aufrollen.

7. Die Rolle in 6 gleich große Stücke schneiden und diese mit einer Schnittseite nach oben auf ein mit Backpapier belegtes Blech legen. Die Schnecken 20 Minuten im Ofen backen.

Chocolate Chip Cookies

NÄHRWERTE FÜR 1 STÜCK:

41 kcal, 3,4 g Eiweiß, 3,7 g Kohlenhydrate, 1,3 g Fett

ZUTATEN FÜR 14 KEKSE:

- 1 Dose weiße Bohnen (250 g)
- 1 EL Wasser
- 30 g Vanille-Proteinpulver
- 1 TL Backpulver
- 2 Eiweiß (Größe M)
- 50 g zuckerfreie Vollmilchschokolade

1. Den Backofen auf 180 °C Ober-/Unterhitze vorheizen.

2. Die Kichererbsen in ein Sieb gießen, ausgiebig abspülen und abtropfen lassen. Danach mit Wasser in den Mixtopf geben und **10 Sek./Stufe 7** pürieren.

3. Dann das Proteinpulver, das Backpulver und das Eiweiß hinzufügen und **25 Sek./Stufe 5** verrühren.

4. Die Schokolade in kleine Stücke schneiden und etwa die Hälfte davon unter die Masse mischen.

5. Mit einem Löffel jeweils 1 ½ EL des Teiges als Kleckse auf ein mit Backpapier belegtes Blech setzen und mit den restlichen Schokostücken bestreuen. Kekse 10 Minuten im Ofen backen und dann auskühlen lassen.

Brot

Eiweiß-Möhren-Brot

NÄHRWERTE FÜR 1 SCHEIBE:

62 kcal, 5,3 g Eiweiß, 1,8 g Kohlenhydrate, 2,8 g Fett

ZUTATEN
FÜR 12 SCHEIBEN:

- ca. 55 g Möhre
- 50 g geschrotete Leinsamen
- 50 g Weizenkleie
- 10 g Flohsamenschalen
- 1 TL Backpulver
- 2 Eier (Größe M)
- 250 g Magerquark

1. Den Backofen auf 200 °C Ober-/Unterhitze vorheizen.

2. Die Möhre putzen, waschen, in grobe Stücke schneiden, in den Mixtopf geben und **15 Sek./Stufe 5** klein hacken. Karottenraspel am Mixtopfrand mit dem Spatel nach unten schieben.

3. Restliche Zutaten hinzufügen und **1 Min./Knetmodus** vermengen, Teigreste am Mixtopfrand mit dem Spatel nach unten schieben und nochmals **1 Min./Knetmodus** verkneten.

4. Den Teig mit den Händen in Form eines Brotlaibes kneten, auf ein mit Backpapier belegtes Backblech setzen und mithilfe eines Messers ein paar Mal einschneiden. Den Teigling noch kurz ziehen lassen und dann 40 Minuten im Ofen backen.

ANMERKUNG:

Das Brot geht kaum auf. Die Form des Brotlaibes bleibt also fast genauso, wie du den Teig auf das Backpapier legst.

Flohsamenbrötchen

ZUTATEN FÜR 6 BRÖTCHEN:

- 90 g Weizen-vollkornmehl
- 1 TL Backpulver
- 4 Eier (Größe M)
- 200 g Magerquark
- 40 g Flohsamenschalen
- 100 ml kochendes Wasser
- etwas Mehl für die Arbeitsfläche

1. Den Backofen auf 180 °C Ober-/Unterhitze vorheizen.

2. Zuerst das Mehl mit dem Backpulver, den Eiern und dem Magerquark in den Mixtopf geben und **30 Sek./Stufe 4** zu einem homogenen Teig vermengen.

3. Dann die Flohsamenschalen und das kochende Wasser hinzufügen und **20 Sek./Stufe 4** verrühren. Danach den Teig 10 Minuten ziehen lassen.

4. Den Teig in 6 Portionen zerteilen, diese auf einer bemehlten Arbeitsfläche zu Kugeln formen und auf ein mit Backpapier belegtes Blech setzen. Die Brötchen 35 Minuten im Ofen backen.

Quarkzopf

NÄHRWERTE FÜR 1 SCHEIBE:

114 kcal, 4,6 g Eiweiß, 21,1 g Kohlenhydrate, 1,1 g Fett

ZUTATEN FÜR 18 SCHEIBEN:

- 50 g fettarme Margarine
- 50 g Erythrit
- 500 g Weizenmehl, Typ 405 + etwas für die Arbeitsfläche
- 1 Pck. Backpulver
- 60 g fettarme Milch
- 250 g Magerquark

1. Den Backofen auf 170 °C Ober-/Unterhitze vorheizen.

2. Die Margarine in den Mixtopf geben und **1 Min./50 °C/ Stufe 2** schmelzen.

3. Den Erythrit, das Mehl, das Backpulver, die Milch und den Magerquark hinzufügen und das Ganze **2 Min./ Knetmodus** verkneten.

4. Anschließend den Teig mit den Händen zu einer großen Rolle kneten und in 3 gleichgroße Stücke zerteilen. Die Stücke dann auf einer bemehlten Arbeitsfläche zu langen Rollen formen und zu einem Zopf flechten.

5. Den Zopf auf ein mit Backpapier belegtes Backblech geben und etwa 35 Minuten im Ofen backen.

TIPP:

Das Rezept für die Marmelade findest du auf Seite 124.

Eiweißreiches Mikrowellenbrötchen

NÄHRWERTE FÜR 1 BRÖTCHEN:

189 kcal, 18 g Eiweiß, 11,5 g Kohlenhydrate, 4,8 g Fett

ZUTATEN
FÜR 2 BRÖTCHEN:

- 20 g Weizen-
  vollkornmehl
- 20 g Weizenkleie
- 20 g geschrotete
  Leinsamen
- 10 g Flohsamenschalen
- 2 TL Backpulver
- Salz
- 4 Eiweiß (Größe M)
- 100 g Magerquark

1. Alle Zutaten in den Mixtopf geben und **45 Sek./Links-lauf/Stufe 3** zu einem homogenen Teig verrühren.

2. Den Teig in eine mikrowellenfeste Form geben (Ø 12 cm) und 4 Minuten bei 600 Watt in der Mikrowelle backen.

Körnerbrötchen

NÄHRWERTE FÜR 1 STÜCK:

144 kcal, 11,6 g Eiweiß, 9,3 g Kohlenhydrate, 4,6 g Fett

ZUTATEN FÜR 6 BRÖTCHEN:

- 60 g Weizen-vollkornmehl
- 10 g Weizenkleie
- 25 g geschrotete Leinsamen
- 1 TL Backpulver
- Salz
- 200 g Magerquark
- 2 Eier (Größe M)
- 4 Eiweiß (Größe M)
- 40 g Flohsamenschalen
- 100 g heißes Wasser
- 15 g Sonnenblumen-kerne

1. Den Backofen auf 180 °C Ober-/Unterhitze vorheizen.

2. Das Mehl, die Weizenkleie, 20 g Leinsamen, das Back-pulver, etwas Salz mit dem Magerquark, den Eiern und dem Eiweiß in den Mixtopf geben und **45 Sek./Links-lauf/Stufe 3** vermischen.

3. Anschließend die Flohsamenschalen und das kochen-de Wasser hinzufügen und **15 Sek./Linkslauf/Stufe 4** verrühren.

4. Danach 10 g Sonnenblumenkerne einwiegen und **10 Sek./Linkslauf/Stufe 2** einrühren. Den Teig kurz ziehen lassen, bis er dickflüssig genug ist, um Bröt-chen daraus zu formen.

5. Aus dem Teig mit feuchten Händen 6 Brötchen formen, diese auf ein mit Backpapier belegtes Blech setzen und mit den restlichen Sonnenblumenkernen und Leinsamen bestreuen. Brötchen 38–45 Minuten im Ofen backen.

TIPP:

Das Rezept für die Schokocreme findest du auf Seite 127.

Kleine eiweißreiche Bagels

NÄHRWERTE FÜR 1 STÜCK:

113 kcal, 8 g Eiweiß, 16,4 g Kohlenhydrate, 1 g Fett

ZUTATEN FÜR 6 BAGELS:

- 100 g Schmelzflocken 5-Korn
- 50 g Weizen- vollkornmehl
- 1 gehäufter TL Backpulver
- Salz
- 150 g Magerquark
- 4 Eiweiß (Größe M)

1. Den Backofen auf 170 °C Ober-/Unterhitze vorheizen.

2. Die trockenen Zutaten in den Mixtopf geben und **3 Sek./Stufe 3** vermengen. Anschließend den Mager- quark und das Eiweiß hinzufügen und **30 Sek./Stufe 3** verrühren.

3. Den klebrigen Teig mit feuchten Händen in 6 Sili- kon-Donutformen verteilen. Die Bagels etwa 20 Minu- ten im Ofen backen.

TIPP:

Wenn du lieber größere Bagels magst, kannst du aus derselben Teigmenge auch nur 4 Bagels machen.

Weizenvollkornbrot

NÄHRWERTE FÜR 1 SCHEIBE:

67 kcal, 3,7 g Eiweiß, 11,3 g Kohlenhydrate, 0,4 g Fett

ZUTATEN FÜR 19 SCHEIBEN:

320 g Weizen-
vollkornmehl
1 Pck. Backpulver
Salz
320 g fettarmer Joghurt
6 Eiweiß (Größe M)

1. Den Backofen auf 170 °C Ober-/Unterhitze vorheizen.

2. Das Mehl mit dem Backpulver und etwas Salz in den Mixtopf geben und **3 Sek./Stufe 3** vermengen. Dann den Joghurt und das Eiweiß hinzufügen und **2 Min./ Knetmodus** zu einem homogenen, zähen Teig vermischen.

3. Den Teig in eine mit Backpapier ausgekleidete Kastenform (30 cm) geben und 40–50 Minuten im Ofen backen.

TIPP:

Du kannst das Brot auch mit Gewürzen, Nüssen und Körnern abwandeln.

Bananenbrot

ZUTATEN FÜR 18 SCHEIBEN:

- 3 reife Bananen (ca. 280 g)
- 100 g Apfelmus, ohne Zuckerzusatz
- 2 Eier (Größe M)
- 200 g Weizen-vollkornmehl
- 1 Pck. Backpulver

1. Den Backofen auf 180 °C Ober-/Unterhitze vorheizen.

2. Die Bananen schälen, in Stücke schneiden und zusammen mit dem Apfelmus und den Eiern in den Mixtopf geben, dann **10 Sek./Stufe 7** fein pürieren.

3. Das Mehl mit dem Backpulver hinzufügen und alles **25 Sek./Stufe 3** verrühren.

4. Den Teig in eine mit Backpapier ausgekleidete Kastenform (30 cm) füllen und 45 Minuten im Ofen backen.

TIPP:

Wer das Bananenbrot noch eiweißreicher haben möchte, kann statt 200 g Mehl 170 g Mehl und 30 g Proteinpulver verwenden.

Vollkornfladenbrot

NÄHRWERTE FÜR 1 STÜCK:

64 kcal, 5 g Eiweiß, 6,4 g Kohlenhydrate, 1,6 g Fett

ZUTATEN FÜR 20 STÜCKE:

- 160 g Weizen-
  vollkornmehl
- 60 g Weizenkleie
- 1 Pck. Backpulver
- 360 g Magerquark
- 4 Eier (Größe M)
- Salz
- 4 g Sesam

1. Den Backofen auf 150 °C Ober-/Unterhitze vorheizen.

2. Das Mehl, die Weizenkleie und das Backpulver in den Mixtopf geben und **3 Sek./Stufe 3** vermischen. Dann den Magerquark, die Eier und etwas Salz hinzugeben und **2 Min./Knetmodus** verkneten.

3. Den Teig auf ein mit Backpapier belegtes Backblech geben, mit feuchten Händen zu einem etwa 1 cm dicken Fladen formen, gitterförmig einschneiden und mit dem Sesam bestreuen. Anschließend 25–30 Minuten im Ofen backen.

Joghurt-Baguette

NÄHRWERTE FÜR 1 SCHEIBE:

59 kcal, 2,3 g Eiweiß, 11 g Kohlenhydrate, 0,5 g Fett

ZUTATEN
FÜR 28 SCHEIBEN:

- 400 g Weizenmehl, Typ 405 + etwas für die Arbeitsfläche
- 1 Pck. Backpulver
- 2 TL Salz
- 4 Eiweiß (Größe M)
- 200 g fettarmer Joghurt

1. Den Backofen auf 180 °C Ober-/Unterhitze vorheizen.

2. Das Mehl, das Backpulver und das Salz in den Mixtopf geben und **3 Sek./Stufe 3** vermischen. Anschließend das Eiweiß und den Joghurt dazugeben und alles **2 Min./Knetmodus** verkneten. Wenn der Teig zu klebrig ist, noch etwas Mehl hinzugeben.

3. Teig auf einer bemehlten Arbeitsfläche zu einem Baguette formen und dann auf ein mit Backpapier belegtes Backblech legen. Auf der mittleren Schiene etwa 20 Minuten im Ofen backen.

Pitabrote

NÄHRWERTE FÜR 1 STÜCK:

192 kcal, 11,4 g Eiweiß, 30,5 g Kohlenhydrate, 1,3 g Fett

ZUTATEN
FÜR 4 PITABROTE:

180 g Weizen-
vollkornmehl

12 g Weizenkleie

1 Pck. Backpulver

Salz

200 g Magerquark

etwas Mehl für die
Arbeitsfläche

1. Den Backofen auf 170 °C Ober-/Unterhitze vorheizen.

2. Zuerst alle trockenen Zutaten in den Mixtopf geben und **3 Sek./Stufe 3** vermischen. Dann den Magerquark hinzufügen und **2 Min./Knetmodus** vermengen.

3. Anschließend den Teig mit feuchten Händen zu einer großen Rolle verkneten, dann in 4 Stücke zerteilen und diese auf einer bemehlten Arbeitsfläche jeweils zu einer ovalen Scheibe ausrollen.

4. Die Pitabrote auf ein mit Backpapier ausgelegtes Backblech geben und etwa 15 Minuten im Ofen backen.

ANMERKUNG:

Diese Pitabrote blähen sich nicht so auf wie die klassischen, können aber einfach aufgeschnitten werden.

Focaccia

NÄHRWERTE FÜR 1 STÜCK:

361 kcal, 25 g Eiweiß, 33 g Kohlenhydrate, 12 g Fett

ZUTATEN FÜR 2 STÜCKE:

80 g Weizen-
vollkornmehl

30 g Weizenkleie

2 TL Backpulver

Salz

180 g Magerquark

2 Eier (Größe M)

4 kleine Tomaten

1 EL Olivenöl

getrockneter Rosmarin
oder Thymian nach
Belieben

1. Den Backofen auf 150 °C Ober-/Unterhitze vorheizen.

2. Das Mehl mit der Weizenkleie, dem Backpulver und etwas Salz in den Mixtopf geben und **3 Sek./Stufe 3** vermischen. Anschließend den Magerquark und die Eier dazugeben und und **2 Min./Knetmodus** vermengen.

3. Den Teig auf einem mit Backpapier ausgelegten Backblech zu 2 Fladen (ca. 25 × 15 cm) verkneten.

4. Die Tomaten waschen, in Scheiben schneiden und auf dem Teig verteilen. Dann das Olivenöl über die Fladen träufeln, etwas Rosmarin oder Thymian daraufstreuen und die Fladen etwa 25 Minuten im Ofen backen.

Quarkbrötchen

NÄHRWERTE FÜR 1 STÜCK:

115 kcal, 8 g Eiweiß, 18 g Kohlenhydrate, 1 g Fett

ZUTATEN FÜR 6 BRÖTCHEN:

- 160 g Weizen-vollkornmehl
- 2 TL Backpulver
- 160 g Magerquark
- 2 Eiweiß (Größe M)
- Salz oder Erythrit nach Belieben

1. Den Backofen auf 190 °C Ober-/Unterhitze vorheizen.

2. Das Mehl mit dem Backpulver in den Mixtopf geben und **3 Sek./Stufe 3** vermischen. Die restlichen Zutaten hinzugeben und **2 Min./Knetmodus** vermengen.

3. Teig zu einer großen Rolle verkneten, diese in 6 gleich große Stücke teilen und daraus jeweils Kugeln formen. Die Kugeln auf ein mit Backpapier belegtes Blech setzen und 15 Minuten im Ofen backen.

Herzhafte Gerichte

Ofenbrot mit Tomate und Mozzarella

NÄHRWERTE FÜR 1 STÜCK:

358 kcal, 20,2 g Eiweiß, 49 g Kohlenhydrate, 8 g Fett

ZUTATEN FÜR 4 STÜCKE:

- 100 g Weizen-
  vollkornmehl
- 170 g Weizenmehl, Typ
  405 + etwas für die
  Arbeitsfläche
- 2 TL Backpulver
- Salz
- 1 TL Olivenöl
- 100 g Magerquark
- 2 Eier (Größe M)
- 100 g stückige Tomaten
  aus der Dose
- 6 kleine Tomaten
- 125 g fettarmer
  Mozzarella
- Pfeffer
- getrocknetes Basilikum
  nach Belieben

1. Den Backofen auf 180 °C Ober-/Unterhitze vorheizen.

2. Zuerst die trockenen Zutaten in den Mixtopf geben und **3 Sek./Stufe 3** vermischen. Anschließend das Olivenöl, den Magerquark und die Eier hinzugeben und **2 Min./Knetmodus** vermengen.

3. Teig zu einer großen Rolle verkneten, in 4 gleich große Stücke teilen und daraus auf einer bemehlten Arbeitsfläche ovale Fladen formen. Die Fladen auf ein mit Backpapier belegtes Backblech geben, in der Mitte etwas flach drücken und an den Seiten jeweils einen Rand stehen lassen.

4. Die fein gehackten Dosentomaten in der Mitte der Fladen verteilen.

5. Die Tomaten waschen und den Mozzarella abtropfen lassen. Beides in Scheiben schneiden und auf den Dosentomaten verteilen.

6. Die Fladen mit etwas Salz und Pfeffer würzen, mit Basilikum bestreuen und etwa 20 Minuten im Ofen backen.

Kleine Pizzaschnecken

NÄHRWERTE FÜR 1 STÜCK:

33 kcal, 2 g Eiweiß, 4 g Kohlenhydrate, 0,6 g Fett

ZUTATEN FÜR 17 SCHNECKEN:

- 100 g Weizen-vollkornmehl
- 100 g Magerquark
- 2 TL Backpulver
- Salz
- etwas Mehl für die Arbeitsfläche
- 135 g stückige Tomaten aus der Dose
- Pizzagewürz nach Belieben
- Pfeffer
- 50 g fettarmer Streukäse

1. Den Backofen auf 200 °C Ober-/Unterhitze vorheizen.

2. Das Mehl mit dem Magerquark, dem Backpulver und etwas Salz in den Mixtopf geben und **2 Min./Knetmodus** vermengen. Den Teig mit den Händen nachkneten und auf einer bemehlten Arbeitsfläche etwa 3 mm dick zu einem Rechteck (ca. 17 × 15 cm) ausrollen.

3. Dann die stückigen Tomaten in einer Schüssel nach Belieben mit Pizzagewürz, Salz und Pfeffer abschmecken und auf dem Teig verteilen. Anschließend den Streukäse daraufgeben und den Teig von der längeren Seite aus aufrollen.

4. Die Rolle in 17 etwa 1 cm dicke Stücke schneiden, diese auf ein mit Backpapier belegtes Backblech setzen und 15 Minuten im Ofen backen.

Spinat-Feta-Taschen

ZUTATEN FÜR 6 TASCHEN:

- 130 g Weizenvollkornmehl
- + etwas für die Arbeitsfläche
- 1 TL Backpulver
- 100 g Magerquark
- 2 Eiweiß (Größe M)
- 200 g TK-Blattspinat
- Salz, Pfeffer
- 60 g fettarmer Fetakäse

1. Den Backofen auf 170 °C Ober-/Unterhitze vorheizen.

2. Das Mehl mit dem Backpulver in den Mixtopf geben und **3 Sek./Stufe 3** vermischen. Anschließend den Magerquark und das Eiweiß hinzugeben und **2 Min./Knetmodus** vermengen.

3. Den tiefgekühlten Spinat in einem Topf auftauen lassen. Die Flüssigkeit gut aus dem Spinat ausdrücken und diesen mit Salz und Pfeffer würzen.

4. Den Teig auf einer bemehlten Arbeitsfläche mit den Händen verkneten, dann ausrollen und 6 Kreise (Ø 13 cm) ausstechen.

5. Auf eine Hälfte der Kreise jeweils etwas Spinat und 10 g zerbröselten Fetakäse geben, dabei etwas Rand freilassen. Die unbelegte Teighälfte über die Füllung klappen und den Rand mit einer Gabel festdrücken.

6. Die Taschen auf ein mit Backpapier ausgelegtes Backblech geben und etwa 15 Minuten im Ofen backen.

Käse-Lauch-Muffins mit Schinken

NÄHRWERTE FÜR 1 STÜCK:

84 kcal, 6,6 g Eiweiß, 10 g Kohlenhydrate, 1,4 g Fett

ZUTATEN FÜR 7 MUFFINS:

- 100 g Weizen-
  vollkornmehl
- 1 TL Backpulver
- 50 g fettarmer Joghurt
- 60 g fettarme Milch
- 2 Eiweiß (Größe M)
- ½ Stange Lauch
- 50 g fettarme
  Rohschinkenwürfel
- 40 g fettarmer
  Streukäse

1. Den Backofen auf 170 °C Ober-/Unterhitze vorheizen.

2. Zunächst das Mehl mit dem Backpulver in den Mixtopf geben und **3 Sek./Stufe 3** vermischen. Anschließend den Joghurt, die Milch und das Eiweiß hinzugeben und **30 Sek./Stufe 4** verrühren.

3. Den Lauch putzen, gründlich waschen und in Streifen schneiden.

4. Den Lauch, die Rohschinkenwürfel und den Käse in den Mixtopf hinzufügen und alles **15 Sek./Linkslauf/ Stufe 2** vermengen. Den Teig dann in 7 Muffinförmchen füllen und Muffins etwa 25 Minuten im Ofen backen.

Flammkuchen Elsässer Art

NÄHRWERTE FÜR 1 FLAMMKUCHEN:

530 kcal, 34 g Eiweiß, 68,4 g Kohlenhydrate, 10,8 g Fett

ZUTATEN
FÜR 1 FLAMMKUCHEN:

- 1 kleine Zwiebel
- 100 g Weizen-vollkornmehl
- 100 g Magerquark
- Salz
- etwas Mehl für die Arbeitsfläche
- 75 g saure Sahne
- 30 g fettarme Rohschinkenwürfel

1. Den Backofen auf 200 °C Ober-/Unterhitze vorheizen.

2. Die Zwiebel schälen und in Ringe schneiden.

3. Mehl, Magerquark und etwas Salz in den Mixtopf geben und **20 Sek./Stufe 5** vermengen. Den Teig auf einer bemehlten Arbeitsfläche erst zu einer Kugel verkneten und dann dünn ausrollen.

4. Anschließend den Teig auf ein mit Backpapier belegtes Backblech geben, mit der sauren Sahne bestreichen und die Zwiebelringe und Rohschinkenwürfel darauf verteilen. Flammkuchen etwa 15 Minuten im Ofen backen.

Tomaten-Zucchini-Quiche

NÄHRWERTE FÜR 1 STÜCK:

145 kcal, 8,6 g Eiweiß, 14,8 g Kohlenhydrate, 5 g Fett

ZUTATEN FÜR 8 STÜCKE:

150 g Weizen-
vollkornmehl

80 g Magerquark

20 g fettarme Margarine

3 Eier (Größe M)

4 große Tomaten

2 Zucchini

125 g fettarme Milch

25 g saure Sahne

50 g fettarme Sahne

50 g fettarmer
Streukäse

Salz, Pfeffer

Gewürze nach Belieben
(z.B. Knoblauch,
Muskatnuss oder
Basilikum)

1. Das Weizenvollkornmehl, den Magerquark, die Margarine und 1 Ei in den Mixtopf geben und **25 Sek./Stufe 5** vermengen. Den Teig zu einer Kugel formen, in eine Schüssel umfüllen und für 30 Minuten im Kühlschrank ruhen lassen. Mixtopf reinigen.

2. Den Backofen auf 180 °C Ober-/Unterhitze vorheizen.

3. Nach der Ruhezeit mit dem Teig eine Kuchenform (Ø 20 cm) auskleiden und dabei einen Rand hochziehen.

4. Die Tomaten und die Zucchini putzen, waschen und in Scheiben schneiden. Dann abwechselnd kreisförmig auf den Boden der Form legen.

5. Die 2 Eier mit der Milch, der sauren Sahne und der fettarmen Sahne in den Mixtopf geben und **25 Sek./ Stufe 4** vermengen. Den Streukäse hinzufügen, alles mit Salz, Pfeffer und Gewürzen würzen, dann **10 Sek./ Linkslauf/Stufe 2** rühren. Die Mischung über das Gemüse gießen.

6. Die Quiche etwa 40 Minuten im Ofen goldbraun backen. Nach Ende der Backzeit die Quiche aus dem Ofen holen, aber noch kurz etwas stehen lassen, damit die Füllung etwas fester wird.

Schnelle Vollkorn-Pizza Margherita

NÄHRWERTE FÜR 1 PIZZA:

585 kcal, 45 g Eiweiß, 71 g Kohlenhydrate, 10 g Fett

ZUTATEN FÜR 1 PIZZA:

- 100 g Weizen-
  vollkornmehl
- 1 TL Backpulver
- 100 g Magerquark
- 1 Eiweiß (Größe M)
- Salz
- etwas Mehl für die
  Arbeitsfläche
- 150 g Pizzatomaten
- Pizzagewürz nach
  Belieben
- Pfeffer
- 50 g fettarmer
  Streukäse

1. Den Backofen auf 200 °C Ober-/Unterhitze vorheizen.

2. Mehl und Backpulver, Magerquark, Eiweiß und 1 Prise Salz in den Mixtopf geben und **20 Sek./Stufe 5** verrühren.

3. Den Teig zu einer Kugel formen, auf einer bemehlten Arbeitsfläche zu einem Kreis (Ø ca. 20 cm) ausrollen und auf ein mit Backpapier belegtes Blech geben. Mixtopf reinigen.

4. Die Pizzatomaten in den Mixtopf geben, mit Pizzagewürz, Salz und Pfeffer würzen und **10 Sek./Linkslauf/Stufe 1** vermischen. Soße auf dem Pizzaboden verteilen und mit dem Käse bestreuen.

5. Die Pizza 10 Minuten im Ofen backen.

Das schmeckt dazu

Kalorienreduzierte Vanillesoße

NÄHRWERTE FÜR 100 ML:

60 kcal, 3,2 g Eiweiß, 4,4 g Kohlenhydrate, 1,1 g Fett

ZUTATEN:

500 g fettarme Milch
½ Pck.
   Vanillepuddingpulver
2 EL Erythrit

1. Die Milch mit dem Puddingpulver und dem Erythrit in den Mixtopf geben, Rühraufsatz (Schmetterling) einsetzen und **15 Sek./Stufe 3** verrühren. Anschließend **7 Min./90 °C/Stufe 2** aufkochen.

2. Die Soße warm servieren oder abkühlen lassen.

TIPP:

Die Vanillesoße passt besonders gut zum Birnen-Crumble (S. 49), den Dampfnudeln (S. 59), Waffeln (S. 67) und Apfelpfannkuchen (S. 68).

Fake-Sahne

NÄHRWERTE FÜR 1 PORTION:

41 kcal, 7,6 g Eiweiß, 2,2 g Kohlenhydrate, 0,1 g Fett

ZUTATEN
FÜR 2 PORTIONEN:

1 Eiweiß (Größe M)
1 Prise Salz
100 g Magerquark
flüssiger Süßstoff nach
   Belieben

1. Zuerst das Eiweiß mit einer Prise Salz in den Mixtopf geben, Rühraufsatz einsetzen und ca. **1 Min./Stufe 3** (auf Sicht) steif schlagen.

2. Magerquark mit Süßstoff nach und nach vorsichtig mit dem Spatel unter den Eischnee rühren.

TIPP:

Die Fake-Sahne passt besonders gut zum Apfelkuchen (S. 14), Protein-Schokoladen-Muffins (S. 30), Pfirsich-Tartelettes (S. 42) und dem Pflaumenblechkuchen (S. 46).

Schnelle Himbeermarmelade

NÄHRWERTE FÜR 1 PORTION:

26 kcal, 0,9 g Eiweiß, 2,7 g Kohlenhydrate, 0,9 g Fett

**ZUTATEN
FÜR 4 PORTIONEN:**

100 g TK-Himbeeren
10 g Chiasamen
etwas flüssiger Süßstoff

1. Die tiefgekühlten Himbeeren in den Mixtopf geben, **6 Min./80 °C/Stufe 3** erhitzen, dann **15 Sek./Stufe 6** pürieren.

2. Die Chiasamen und bei Bedarf etwas Süßstoff zum Himbeerbrei in den Mixtopf hinzufügen und **15 Sek./ Linkslauf/Stufe 1** einrühren. Die Marmelade dann in ein Glas füllen und mind. 5–10 Minuten ziehen lassen, bis sie die gewünschte Konsistenz erreicht hat.

TIPP:

Das Rezept für den Quarkzopf findest du auf Seite 82.

Protein-Schokocreme

NÄHRWERTE FÜR 1 PORTION (15 G):

15 kcal, 1,8 g Eiweiß, 1 g Kohlenhydrate, 0,3 g Fett

ZUTATEN:

- 130 g Kichererbsen aus der Dose
- 50 g Haselnussmilch (alternativ andere pflanzliche Milch)
- 25 g Schoko-Proteinpulver
- 5 g stark entöltes Kakaopulver
- 5 EL Erythrit

1. Die Kichererbsen in ein Sieb abgießen, abspülen und abtropfen lassen. Danach mit der Haselnussmilch in den Mixtopf geben und **10 Sek./Stufe 7** pürieren.

2. Restliche Zutaten in den Mixtopf hinzufügen und **30 Sek./Stufe 5** mixen.

TIPP:

Das Rezept für die Körnerbrötchen findest du auf Seite 86.